ALLOCUTION

PRONONCÉE LE 28 DÉCEMBRE 1897

A la Séance de Rentrée

DE LA

CONFÉRENCE DES AVOCATS

DE MARSEILLE

PAR

Mᵉ LUDOVIC LEGRÉ

Ancien bâtonnier, faisant fonction de bâtonnier

~~~~~~~~~

Imprimée en vertu d'une délibération du Conseil de l'Ordre
du 14 janvier 1898

~~~~~~~~~

MARSEILLE

TYPOGRAPHIE ET LITHOGRAPHIE BARLATIER

Rue Venture, 19

1898

CONFÉRENCE

DES AVOCATS DE MARSEILLE

ALLOCUTION

PRONONCÉE LE 28 DÉCEMBRE 1897

A la Séance de Rentrée

DE LA

CONFÉRENCE DES AVOCATS

DE MARSEILLE

PAR

Mᶜ LUDOVIC LEGRÉ

Ancien bâtonnier, faisant fonction de bâtonnier

Imprimée en vertu d'une délibération du Conseil de l'Ordre
du 14 janvier 1898

MARSEILLE

TYPOGRAPHIE ET LITHOGRAPHIE BARLATIER

Rue Venture, 19

1898

MES CHERS CONFRÈRES,

Quand — il y a onze ans — je présidai pour
la seconde fois la séance de rentrée de la Conférence, je ne prévoyais pas que l'avenir me réservait une nouvelle occasion de siéger à cette place
et de répondre au discours du jeune confrère
auquel vos suffrages ont décerné l'honneur d'inau-
gurer vos travaux.

En d'autres circonstances, je me serais déclaré
heureux de pouvoir encore une fois saluer, com-
plimenter et encourager la vaillante jeunesse qui
est destinée à perpétuer notre Ordre et qui nous
devient d'autant plus chère que nous approchons
nous-mêmes davantage du jour où elle nous suc-
cèdera.

Mais aujourd'hui, si je suis appelé à remplir
par intérim la plus douce des fonctions du bâtonnat, il ne m'est point permis de m'en féliciter, en
présence du motif qui éloigne de la solennité de

ce jour le bâtonnier que nous entourons d'une si cordiale et profonde affection.

Si dans l'irréparable malheur qui l'a frappé, quelque consolation eût été possible, il l'aurait trouvée au milieu de cet empressement d'amis accourus en si grand nombre autour de lui et qui partageaient si visiblement sa douleur. Mais, hélas ! c'est là un de ces coups dont on ne peut pas, dont on ne veut pas être consolé, — ainsi que le proclament, en leur terrible éloquence, ces trois mots du Livre divin : *quia non sunt*, « parce qu'ils ne sont plus ! »

En prenant ici la parole, je dois tout d'abord des félicitations à l'orateur à qui vos applaudissements viennent déjà de prouver qu'il a pleinement réalisé ce que votre confiance attendait de lui.

Depuis tant d'années que j'assiste — et toujours avec un vif intérêt — aux séances d'ouverture de la Conférence, j'ai remarqué que la plupart des lauréats, dédaignant de se retourner vers le passé afin de demander aux institutions ou aux personnages d'autrefois quelque utile leçon, choisissent plus volontiers pour sujet de leur discours une de ces questions que l'actualité met à l'ordre du jour. A défaut d'une autorité que le temps et des études approfondies peuvent seuls leur donner, ils puisent, en cette générosité native qui est le plus bel attribut de la jeunesse, le droit de nous exposer quelles réformes il serait, à leur avis, souhaitable de voir s'opérer dans l'ordre juridique, économique, social, en vue d'une reconstitution idéale de la cité, au sens large que l'antiquité donnait à ce mot.

C'est bien un tel sentiment de générosité juvénile qui a inspiré à l'orateur d'aujourd'hui son éloquent plaidoyer en faveur des droits méconnus de la femme.

Et lors même qu'il y aurait des réserves à formuler au sujet de ses conclusions, il faudrait dans tous les cas louer le mobile qui a déterminé son initiative.

Mais nous n'hésitons pas à reconnaître nous-même que parmi les revendications féminines, il en est de fort légitimes.

La race humaine est essentiellement perfectible. En vertu de cette loi primordiale, l'humanité, toujours en marche, s'achemine, d'une allure plus ou moins rapide, vers un avenir meilleur — ou qu'elle espère tel.

C'est là le progrès.

L'homme peut-il en accaparer pour lui seul les bienfaits ?

Non, assurément.

La femme, — qui doit être pour l'homme, non point une vassale, encore moins une victime, mais uniquement une compagne, — est en droit d'avoir sa part aux conquêtes que réalise le progrès.

Si l'intelligence de l'homme se développe et s'affine, si ses idées s'élargissent, si ses connaissances se multiplient, il est de toute justice que chez la femme la portée intellectuelle s'étende et s'améliore également.

Lorsque le bonhomme Chrysale prétendait enlever aux femmes le droit d'être savantes :

> Nos pères sur ce point étoient gens bien sensés
> Qui disoient qu'une femme en sait toujours assez
> Quand la capacité de son esprit se hausse
> A connaître un pourpoint d'avec un haut de chausse,

c'est que lui-même, pour son compte personnel, faisait fi du savoir,

> Et hors un gros Plutarque à mettre ses rabats,

vouait au feu tous les livres.

Si Chrysale est maintenant bachelier, pourquoi Philaminte ne serait-elle pas élève d'un Lycée de jeunes filles ?

Et d'ailleurs n'est-ce point un bonheur pour l'homme de trouver, chez la femme qu'il associe à son existence, un niveau intellectuel qui ne soit pas au-dessous du sien ?

Je suis de ceux qui pensent qu'une éducation plus complète, plus substantielle, et, si vous le voulez, plus virile, pourra, — sans porter atteinte à la grâce qui doit rester l'essence même de la nature féminine, — faire disparaître ces défauts, qu'on reproche aux femmes justement afin de les maintenir en état de perpétuelle infériorité.

De ces défauts, le principal serait la légèreté du caractère.

Ne peut-on pas espérer que mieux instruite, investie de droits plus étendus, la femme deviendra plus sérieuse ? Et ne verra-t-on pas le jour où l'apostrophe célèbre de Shakespeare : « Fragilité, ton nom est Femme ! » ne sera plus qu'un archaïsme ?

J'avoue, pour ma part, qu'au temps lointain où j'étais étudiant, je m'indignai en voyant les jurisconsultes de Rome, pour justifier les lois restrictives de la liberté féminine, leur donner comme motif, d'une façon si peu galante, la *fragilitas muliebris*. Non point que cette faiblesse me parût chose fabuleuse sous l'empire de la loi *Julia* ou du

Code de Justinien, et même encore en des siècles beaucoup plus rapprochés. Mais déjà je comprenais que l'incapacité invoquée contre la femme est surtout le fait de l'homme, intéressé à maintenir celle-ci en une sorte de servage plus ou moins atténué. Croyez-vous que les femmes, pourvues comme Mlle Chauvin d'un diplôme de licencié ou de docteur en droit, auront encore besoin du régime dotal pour défendre leurs apports matrimoniaux contre les exigences ou les imprudences de leur mari ?

J'admets volontiers, — et sans avoir besoin pour cela de recourir à ces balances avec lesquelles on aurait la prétention de peser l'impondérable, — j'admets que sous le rapport des qualités intellectuelles, les femmes ne sont pas moins bien partagées que les hommes. On peut rencontrer chez elles des aptitudes cérébrales à qui les sciences exactes mêmes ne répugnent point. Et parmi les femmes que la vigueur de leur génie ou l'étendue de leur savoir a rendues célèbres, Me Eymin aurait pu citer aussi cette jeune et belle Hypatia qui enseignait avec tant d'éclat, à l'Ecole fameuse d'Alexandrie, les mathématiques et la philosophie.

Enfin, il est un point sur lequel notre jeune orateur, dans son apologie, n'a pas, à mon avis, suffisamment insisté. C'est celui des qualités morales. N'est-il pas véritable qu'en ce qui a trait aux vertus que le cœur inspire, non seulement la femme égale l'homme, mais qu'elle le surpasse et le domine ? Y a-t-il beaucoup d'hommes capables, en certaines rencontres, de pousser aussi loin l'abnégation dans le dévouement, la vaillance dans le sacrifice ? Et quel est celui d'entre nous auquel il a été refusé de connaître tout près de lui une femme, — mère, épouse ou fille, — dont la valeur morale était absolument supérieure ?

Lors donc qu'une éducation perfectionnée permettra aux intelligences féminines de donner toute leur mesure, l'équité voudra que le droit des femmes soit accru. Beaucoup de portes qui actuellement leur sont fermées devront s'ouvrir devant elles. Et ce n'est pas, à mon sens, être trop audacieux que de prévoir qu'elles finiront par conquérir un jour la capacité électorale. On ne pourra plus, il est vrai, inscrire sur leur tombe cette épitaphe que Rome considérait comme le plus bel éloge d'une matrone : *Domi mansit, lanam fecit*. Mais j'ai l'intime croyance que cette participation des femmes à l'exercice des droits civiques ne ferait courir aucun danger à nos constitutions politiques, et la chose publique n'en irait pas plus mal, bien au contraire !

Mais, — quoi qu'en ait dit notre jeune orateur, — pour être efficace et stable, il faut que toute réforme soit mûrie par le temps. Les changements qui s'opèrent dans la marche des affaires humaines ne peuvent donner des résultats durables que s'ils se produisent, non point à l'état de révolution violente, mais comme une conséquence naturellement engendrée par une série de modifications préexistantes. Les conquêtes de l'émancipation féminine seront d'autant plus solides qu'elles viendront à l'heure voulue :

Le temps n'épargne pas ce qui se fait sans lui !

Mes jeunes confrères du stage, lorsque, à la séance de rentrée de la Conférence, le Chef de l'Ordre a la satisfaction de vous voir réunis en grand nombre autour de lui, il est heureux de saisir cette occasion pour vous adresser quelques conseils et vous montrer de quelle manière doit être exercée la noble profession au seuil de laquelle vous vous présentez.

Notre bâtonnier se proposait, je le sais, de donner, cette année, une suite à la série de considérations qu'à la séance de l'an dernier il formula avec tant d'opportunité, de relief et d'autorité.

Si je le supplée aujourd'hui, je n'entends pas
mé substituer à lui. L'amitié qui nous unit tous
les deux me fait désirer que son absence soit le
plus possible regrettée : je ne veux pas essayer de
traiter à sa place le sujet qu'il s'était réservé.

Je bornerai donc à quelques mots l'allocution
que je vous dois.

Ces règles professionnelles que Mᵉ Drogoul
avait commencé de vous exposer en détail, je me
contenterai de vous rappeler sur quels principes
elles sont fondées.

Il n'est aucun de vous qui n'ait lu les pages
célèbres de l'*Esprit des lois* où Montesquieu, étudiant les deux grandes formes de gouvernement
que les sociétés humaines se sont données, affirme
que la vertu est le ressort du système républicain,
et l'honneur celui de l'état monarchique.

L'Ordre des avocats est assurément une répu-
blique, mais il a pour fondements tout à la fois la
vertu et l'honneur.

Il est vrai qu'en parlant de l'honneur, l'illustre
magistrat bordelais envisageait surtout celui qui
se peut acquérir par le rang, les titres et les dis-
tinctions de tout genre.

Ce n'est point cet honneur-là qui est le nôtre.

Non, mes chers confrères, l'honneur que nous devons viser, poursuivre et conquérir n'est pas celui que l'on demande à des conditions extrinsèques ou à des symboles apparents.

L'honneur qui, pendant toute notre carrière, demeurera l'inspirateur de nos pensées, le guide de nos actions et le soutien de notre courage, c'est l'honneur absolu, l'honneur idéal dont chacun de nous perçoit, au fond de sa conscience, la claire vision. Il naît du sentiment intime que nous devons avoir de notre dignité personnelle, sentiment qu'il ne faut pas craindre de pousser jusqu'à l'exagération. Remarquez bien, mes chers amis, qu'en vous parlant ainsi, je ne vous conseille pas l'orgueil, encore moins l'arrogance. Souvenez-vous, au contraire, que la modestie est par excellence l'aimable vertu qui vous gagnera tous les cœurs.

Chaque fois qu'il se présentera pour vous une décision à prendre, vous aurez à vous demander si en accomplissant l'acte proposé, vous n'allez pas amoindrir votre dignité morale, même au cas où la détermination sollicitée resterait secrète. Si votre for intérieur répond négativement, marchez avec confiance, il est certain qu'en agissant vous ne manquerez pas à l'honneur.

Je vous indique là, mes jeunes confrères, un moyen assuré de ne jamais enfreindre aucune des règles essentielles qu'impose l'exercice de notre profession. Ces règles, votre conscience les devinera, et vous saurez les mettre en pratique avant même qu'elles vous aient été enseignées.

Quelques exemples vont vous montrer combien j'ai raison.

Si, au lieu d'attendre en votre cabinet que les clients viennent vous y trouver, vous étiez tenté de courir après eux, arrêtez-vous un instant pour vous demander si cette poursuite est un acte honorable. Le sentiment inné de l'honneur vous répondra aussitôt qu'en allant offrir vos services et mendier une clientèle, vous portez atteinte à votre dignité.

La réponse sera la même quand, ayant à fixer un chiffre pour la rémunération de vos services, vous seriez enclin à outrer votre demande. Vous entendriez la même voix vous dire que la modération et le désintéressement doivent être une de nos principales vertus, et qu'il est indigne de se montrer avide.

Cette voix intérieure vous dira encore que ce serait vous réduire au rôle le plus humiliant que de vous mettre à la solde, de devenir l'homme-lige d'un huissier, si celui-ci vous demandait de lu i prêter votre nom pour l'aider à violer la loi qui interdit à cette catégorie d'officiers ministériels la postulation au Tribunal de Commerce.

N'oubliez jamais, mes chers confrères, que c'est à son respect absolu de l'honneur que notre Ordre doit son lustre, un lustre collectif dont les reflets rejaillissent sur le plus humble d'entre nous, tant que lui-même ne transgresse pas ce respect.

La profession d'avocat a, de par son essence même, des côtés vraiment nobles. Quoi de plus noble, en effet, que ces luttes quotidiennes, soutenues en faveur des faibles et des opprimés, et pour assurer partout le triomphe de la vérité, du droit, de la raison, de la justice?

Mais il faut bien reconnaître que l'exercice même de la profession pouvait, en certaines conjonctures, exposer à des tentations mauvaises la loyauté, l'intégrité d'un avocat.

Ainsi, pour ne citer qu'un cas, ne pouvait-il pas arriver qu'au milieu des ardeurs de la lutte, emporté par le désir de faire triompher quand même une cause réputée juste, le défenseur ne se montrât quelquefois trop peu scrupuleux sur le choix des armes et n'eût recours à la ruse, à des allégations sciemment dénaturées, ou a tout autre moyen réprouvé par l'honneur?

Nos devanciers comprirent que la fidélité au culte de l'honneur, — de l'honneur le plus élevé, le plus délicat, le plus exigeant, — devait être pour le barreau l'assise même de sa constitution, en quelque sorte sa raison d'être.

Et la considération que l'honneur ainsi compris et respecté a value à notre Ordre est devenue un patrimoine que des générations successives d'avocats sans reproche ont incessamment augmenté. Ceux qui furent nos maîtres et nos modèles nous l'ont légué. J'espère qu'il ne sera point diminué quand, à notre tour, nous vous le transmettrons. Nous savons bien qu'en faisant appel à la noblesse instinctive de vos jeunes âmes, en exaltant devant vous la religion de l'honneur, le dépôt que nous vous confierons ne périclitera pas entre vos mains.

Le temps marche, mes jeunes confrères, encore plus vite qu'il ne vous semble. Pour vous, en ce moment, l'avenir seul existe. Vos yeux sont fixés vers une carrière dont l'espérance vous ouvre les portes, en vous laissant entrevoir les brillants succès qui attendent la plupart d'entre vous.

Mais viendra le jour où ces riantes perspectives auront disparu sous un voile pareil aux ombres qui, le soir venu, envahissent le ciel, s'étendent comme un rideau et nous dérobent le lointain

horizon. L'espérance a fui ; il ne reste plus à l'homme que le souvenir. Alors, à l'approche du déclin, il se retourne pour regarder derrière lui et contempler la longue route qu'il a parcourue.

Quand arrivera l'heure où vous-mêmes repasserez ainsi les jours écoulés, vous vous résignerez à ne plus apercevoir l'avenir et vous goûterez, croyez m'en, la plus douce, la plus consolante des satisfactions si, à ce coucher de soleil, votre conscience vous apporte le témoignage qu'en aucune circonstance de votre vie vous n'avez trahi la loi rigoureuse de l'honneur professionnel.

Le confrère que nous avons eu la douleur de perdre au cours de l'année qui s'en va, demeura toujours fidèle à cette loi.

Me Louis Guibert était un de nos doyens. Après ses études de droit et un stage accompli à Paris, il obtint en 1855 d'être inscrit sur notre tableau. Depuis lors il ne cessa de nous appartenir. Mais pendant un certain nombre d'années, il ne nous appartint qu'à titre honoraire. Quoiqu'il eût débuté à la barre d'une façon brillante, il avait très vite renoncé à être avocat militant. Le désir de se

livrer à l'exploitation d'un grand domaine rural
l'éloigna du prétoire, et plus encore l'attrait qu'a-
vait déjà pour lui le maniement des affaires publi-
ques. Il n'était pas de ceux qui ont médité cette
parole de Labruyère : « Je ne mets au-dessus d'un
grand politique que celui qui néglige de le devenir. » Lorsqu'il entra dans la carrière politique,
nous vivions sous un régime autoritaire où le pouvoir central conférait seul et réservait à ses amis
des fonctions dont l'attribution a été depuis lors
restituée à l'électorat. Notre confrère dut faire
violence à ses aspirations libérales quand il ac-
cepta d'être nommé, par le gouvernement impé-
rial, maire de la Ciotat. Il ne prévoyait pas, à coup
sûr, que son goût pour la politique ne s'éteignant
point, il deviendrait, sous un régime tout diffé-
rent, président d'un Conseil général républicain.
« La politique le passionna », nous a dit notre
bâtonnier dans le très éloquent discours qu'il pro-
nonça aux obsèques de Mᵉ Guibert ; et Mᵉ Drogoul ajoutait : « C'est une attrayante et ingrate
maîtresse qui a séduit bien des nôtres. Ne nous
en plaignons pas, mes chers confrères, ceux qui
la servent loyalement honorent le Barreau... Puis,
quand ils nous reviennent tout meurtris de la lutte,
tendons-leur les mains et relevons leur courage. »

Mᵉ Guibert continua de tenir tête à la politique même après qu'il eût pris le parti de rallier nos rangs et de revenir combattre aussi dans la lice judiciaire. Les mécomptes qu'il venait d'éprouver comme agriculteur, — c'est encore l'éloge funè-bre prononcé par notre bâtonnier qui nous l'apprend, — lui inspirèrent cette bonne résolution.

En cette occurrence il fit preuve d'une louable énergie. Notre profession a des exigences jalouses, et, suivant le mot du vieux jurisconsulte Loysel, « veut son homme tout entier. » Il fallait un courageux effort pour venir, après une longue inaction, se plier de nouveau à ces exigences.

Lorsque notre confrère Chabriniac fut, sans transition, pourvu d'un siège de président de Chambre à la Cour d'Aix, Mᵉ Guibert vint occuper le cabinet que laissait vacant le nouveau magistrat. Il y trouva de nombreux dossiers, et bientôt le maire de Marseille l'admit au nombre des avocats auxquels les divers administrateurs de la ville ont tour à tour accordé leur confiance.

Mᵉ Guibert reparut donc à la barre et montra que l'âge et l'éloignement n'avaient point atténué chez lui les qualités qui s'étaient manifestées lors de ses premiers débuts. C'était toujours la même ardeur juvénile, la même abondance, la même

verve dépourvue de fiel, la même éloquence pri-
mesautière. Et tout de suite il conquit l'affection
et l'estime des confrères plus jeunes qui jusque
là ne le connaissaient que de nom, quand on
constata qu'il possédait à un haut degré des qualités encore meilleures : une parfaite courtoisie,
dans les relations confraternelles une aménité toujours souriante, et par-dessus tout une droiture,
une loyauté irréprochables.

Ces vertus professionnelles eurent leur récom-
pense le jour où Mᵉ Guibert obtint l'honneur de
faire partie du Conseil de l'Ordre. Il est de tradition que chaque année, aux approches du renou-
vellement, le Conseil en exercice dresse une liste
de candidats. C'est là une tradition excellente.
En cherchant à faire autant que possible prévaloir
les droits acquis, le Conseil se préoccupe avant
tout de maintenir intact le prestige de l'Ordre.
Il y a quelquefois, à ce point de vue, des indica-
tions que lui seul peut donner. Cette liste, d'ailleurs, toujours présentée à titre officieux, n'est pas
destinée à porter la moindre atteinte à la liberté
électorale. J'avais alors la charge du bâtonnat, et
je m'honore de l'initiative qu'en cette qualité il
me fut permis de prendre en proposant l'inscrip-
tion de Mᵉ Guibert sur la liste préparatoire. Les

suffrages du Conseil et ceux ensuite de notre Barreau tout entier ratifièrent cette désignation. Mᵉ Guibert fut élu membre du Conseil de l'Ordre au scrutin de 1887 et, conformément à l'usage, il fut, sans opposition, réélu les deux années suivantes.

Après avoir, en Mᵉ Guibert, loué l'avocat, la solennité de cette enceinte m'interdit-elle de parler aussi du poète ?

Peu d'années avant sa mort, notre confrère réunit en volume, sous le titre modeste de *Rimes éparses,* les strophes que depuis sa jeunesse il avait, en toute occasion, égrenées le long de son chemin.

Deux sous-titres : *Eaux-fortes et Burins,* — *Fusains et Pastels,* montraient que si dans son livre, l'auteur s'était, selon le précepte, attaché à « passer du grave au doux », il concevait la poésie de la façon que voulait Horace, *ut pictura.*

Ce volume n'était, je crois, destiné qu'aux amis de l'auteur. Mais comme l'avocat-poète avait beaucoup d'amis, une seconde édition, — et celle-ci élégamment ornée de dessins et de culs-de-lampe, — suivit à bref délai la première.

L'œuvre poétique de Louis Guibert a le mérite de n'être point banale.

La souplesse et la variété du rythme, l'expres-
sion quelque peu nébuleuse qui estompe la pensée
et ne messied point au langage poétique, des
inspirations que Tibulle n'aurait pas désavouées,
donnent aux productions de notre confrère un
cachet d'originalité très personnel. Peut-on mieux
flatter un poète qu'en lui reconnaissant le droit
de dire lui aussi :

> Mon verre n'est pas grand, mais je bois dans mon verre !

Epris de la beauté idéale, aspirant à la perfec-
tion de la forme, l'auteur de *Rimes éparses* avouait
dans les stances de son *Avant-Propos* qu'il avait
plus d'une fois remis sur le métier son ouvrage,
trouvant à cette occupation un adoucissement aux
amertumes dont toute vie humaine est trop sou-
vent abreuvée :

> Que de fois je l'ai compulsé,
> Corrigé, ce petit volume
> Qui fait revivre le passé !
> Que de fois je l'ai compulsé,
> Et me suis senti délassé
> Aux douleurs même qu'il exhume !

Enfin, mes chers confrères, le plus bel éloge
à faire de Me Guibert, c'est de proclamer qu'avant
tout il fut bon. Les qualités du cœur étaient chez

lui plus remarquables encore que les dons intel-
lectuels. Il eût été bien difficile de trouver nature
meilleure. Nul plus que lui ne fut affable, béné-
vole, dévoué, serviable.

Déjà le discours funèbre du bâtonnier nous
avait dit, en termes exquis, quelle âme excellente
était celle de notre regretté confrère. J'y insiste à
mon tour. Le cœur vaut mieux que l'esprit. La
bonté sera toujours, avec l'honneur, la plus
enviable renommée que l'homme puisse mériter
en ce monde et laisser après lui : c'est par là
surtout que Louis Guibert vivra dans notre
souvenir.

www.ingramcontent.com/pod-product-compliance
Lightning Source LLC
Chambersburg PA
CBHW060538200326

41520CB00017B/5286